AF205013

Rosmarie Rautenberg

TAUMELN
AM SAUM
DER MENSCHLICHKEIT

Gedichte
Unterwegs-Gedanken

Impressum:

© 2018 Rosmarie Rautenberg
https://www.atelier-roraz.de

Umschlaggestaltung und Illustrationen:
Rosmarie Rautenberg

Verlag & Druck: tredition GmbH, Hamburg
www.tredition.de

ISBN: 978-3-7469-1190-8

Bibliografische Information der Deutschen Nationalbibliothek: Die Deutsche Nationalbibliothek verzeichnet diese Publikation in der Deutschen Nationalbibliografie; detaillierte bibliografische Daten sind im Internet über http://dnb.d-nb.de abrufbar.

Für ihn, den ich liebe ...

… und für alle,
die irgendwo
auf irgendeinem Weg sind!

„Wir leben aus dem Vollen,
als gäbe es übergenug
von diesem seltsamen
Stoff Leben,
als könnte er
nie zu Ende gehen."[1]

Christa Wolf
(in: Der geteilte Himmel)

Liebe Leserin, lieber Leser!

Leben als Abenteuer, als Aufgabe, Geschenk, Bürde, Schicksal, Geheimnis, als Beziehungsgeflecht, ... – jeder Mensch hat wohl sein eigenes Empfinden, seine eigene Sicht, wie er sein Dasein interpretiert. Sicher aber erleben wir uns alle als angesiedelt in einem Spannungsbogen verschiedenster Gegensätze, pendelnd zwischen zwei oder gar mehreren Polen, vielleicht im Bemühen um Annäherung an den einen oder im Kampf gegen einen anderen, möglicherweise auch taumelnd irgendwo im Zwischenbereich, nicht wissend, wohin. In diesem je nach Lebensphase sich immer wieder verändernden Prozess – mit wachsenden oder auch schrumpfenden Möglichkeiten – durchleben wir Tage der Lebendigkeit, der Blüte, der Verheißung ebenso wie solche der Kälte, des Fremdseins, der Missverständnisse.

Doch immer mehr Menschen scheinen sich grundsätzlich in einer Welt zunehmender Verlorenheit zu fühlen, leiden am Lärm der um sich greifenden Wert- und Wortlosigkeit, beklagen das „Taumeln am Saum der Menschlichkeit" und haben Mühe, die leisen Töne des Daseins noch zu vernehmen. Ist uns die Sorgfalt im Umgang mit diesem „seltsamen Stoff Leben" verloren gegangen, das Staunen vor dessen Fülle, das Bewusstsein, wie wertvoll und verletzlich „er" ist? Missachten wir bei unserem „Leben aus dem Vollen" immer mehr die Tatsache, dass die Welt und ihre Lebewesen und Möglichkeiten begrenzt und gefährdet sind?

Einen Blick zu werfen auf diesen Spannungsbogen und einigen seiner Facetten Wort zu geben, ist mein Anliegen. Die gewählten Sprachbilder sind somit gleichermaßen geprägt von Hoffnung und Trauer, von Lebensfreude und Wehmut. Da es um allgemein menschliche Themen geht, die uns wahrscheinlich alle in irgendeiner Weise betreffen und berühren, hoffe ich, dass Sie sich und Ihre eigenen Überlegungen, Fragen und Zweifel, Ihre Erlebnisse und Erfahrungen sowohl in den Unterwegs-Gedanken als auch in den Gedichten wiederfinden und – wissend, dass Sie damit nicht alleine sind – sich freuen auf Ihr eigenes weiteres Unterwegssein. „Sie", die uns nachfolgend teilhaben lässt an einem kleinen Teilstück ihres Weges, steht sinnbildlich für uns alle, die wir irgendwo auf irgendeinem Weg sind ...

All den vielen, welche bisher mit mir gemeinsam unterwegs waren, mich mit ihrem Da-Sein begleitet und mir so vieles ermöglicht und geschenkt haben, danke ich herzlich!

Rosmarie Rautenberg

2018
Irgendwo –
auf irgendeinem Weg

Leben ist Leben

Wenn ruhelos
der räudige Winterwolf
in deiner nächtlichen Seele heult
und Sehnsuchtsstreben
deinen durstenden Leib durchzuckt,

wenn dennoch ahnend
dein Schauen
östliche Himmel erreicht
und Sternengeflüster
deine Sinne streichelt,

keimt uraltes Lebenswissen auf
in deinem Sein:

Leben ist Leben,
ist Geheimnis und bleibt …

WERDEN
UND
VERGEHEN

„… das Leben (hat) nur den einen Sinn (…): den Vollzug des Lebens selbst."[2]

Erich Fromm
(in: Authentisch leben)

Im Schwebezustand zwischen Schlafen und Wachen pendelte sie zwischen den Welten, fühlte sich genauso aufgehoben im Stimmengewirr der Mitreisenden wie in der Weite der schattenhaft vorbeiziehenden Landschaft. Es tat seltsam wohl, Teil dieses unstrukturierten Ganzen zu sein, sich dem Nebel des Verschwommenen hinzugeben, da und dort einzelne Wahrnehmungen herauszufiltern, ohne davon betroffen zu sein. Die Welt erschien ihr wie eingehüllt in Watte, eigenartig gedämpft und trotzdem in einer Weise lebendig, die sie anrührte und in einer besonderen Weise zärtlich stimmte. Die Spiegelungen der Lichter und der Köpfe der Menschen in den Fensterscheiben des fahrenden Zuges erinnerten sie seltsamerweise an die wohlige Geborgenheit früherer Weihnachtsabende, obwohl es Frühling und überdies Morgen war und ein erster Hauch von Sonnenröte am Horizont bereits den nahenden Tag erahnen ließ.

Plötzlich kam sie sich vor wie mitten in einem Vexierbild. Eine nur winzige Veränderung der Pupilleneinstellung und des Blickwinkels ließ die Welt nur aus dem fahrenden Zug bestehen, machte sie zu einer kleinen Zelle zufällig zusammengewürfelter Lebewesen, die nun für kurze Zeit so etwas wie eine Schicksalsgemeinschaft bildete und durch eine dämmerige Umgebung raste, die ebenso beliebig war, losgelöst und unwichtig. Aber dann, durch ein leises Zwinkern der Augen, stürzte die Welt mit Macht durch die Fenster herein, und dieses kleine Zugabteil, das vordem der Kosmos zu sein vorgab, verschwand als winziges Stäubchen in einer endlosen Weite, die weder Anfang noch Ende zu haben schien. Unbedeutend, ja völlig unbedeutend, erschreckend banal wurde da mit einem Mal das morgendliche Geplauder der Menschen im Zug. Ihre größeren oder kleineren Kümmernisse, ihre Aufregungen und Erheiterungen, sie schienen willenlos zu tanzen auf den wechselnden Wellen eines unruhigen, unendlichen Ozeans, und ihre Wichtigkeit wurde aufgehoben durch diesen riesigen Himmel, das weite vorbeihuschende Land. – Wurde sie wirklich aufgehoben, ihrer Bedeutung enthoben? Oder wurde sie nicht vielmehr aufgehoben, geborgen in einem kosmischen Gebilde, dessen Größe alle Vorstellungskraft sprengte? – Irgendwie erschreckte es sie, wie beliebig Standpunkte wurden, sobald man auch nur ein bisschen aus dem gewohnten Alltag herausfiel und seinen Blick löste aus den eingefahrenen, unreflektierten Wahrnehmungsmustern. Gleichzeitig überkam sie aber auch eine tröstliche, ja sogar heitere Ruhe bei der Vorstellung, dass ja vielleicht alles gar nicht so wichtig oder auf eine ganz andere Weise bedeutsam war, als es das Alltagsgestrampel erscheinen ließ, und dass es wirklich „nur“ darum ging, das Leben zu vollziehen, sich vollziehen zu lassen.

Doch die Zweifel ließen sie nicht lange in dieser inneren Gelassenheit verweilen. Was bedeutet es denn, das Leben zu vollziehen in einer Welt, welche fast nur noch Planbares kennt und nach den Gesetzmäßigkeiten eines „Homo Faber" lebt? In einer Gesellschaft, in der immer mehr alles, auch alles Lebendige, unter dem Blickwinkel seiner Nützlichkeit betrachtet wird? Liegt der Sinn eines Menschenlebens jenseits davon oder gar inmitten dieses Machbarkeitswahns, ruht er unangetastet, als nicht erkannter unzerstörbarer Mittelpunkt, im Zentrum dieses „Wahn-sinnigen" Zyklons? Oder ist die Idee eines Sinns ein reiner Wahn, Produkt geistiger Einbildungskraft, Bedürfnis von Menschen, welche, um nicht verloren zu gehen, die Orientierung an einem Lebenssinn brauchen? Erfüllt Leben seinen Sinn aus sich selbst heraus und ohne eine bewusste menschliche Sinngebung, ist Leben somit – auch menschliches – a priori sinnvoll, egal, in welcher Weise es vollzogen wird? Und was ist dann das Besondere, das die Menschen gegenüber all den vielen anderen Lebewesen hervorhebt? Hat Sinn nicht mit Zielen zu tun, mit einer bewusst gewählten Ausrichtung? Ist es nicht menschliches Grundbedürfnis, nicht einfach nur planlos in der Leere zu treiben? Entstehen nicht viele Ängste und Probleme gerade daraus, dass der Sinn des Daseins nicht mehr verspürt werden kann?

Die Überlegungen drehten sich immer mehr im Kreis, und um diese etwas zum Stillstand zu bringen, schloss sie die Augen und überließ sich für eine Weile dem monotonen Rattern des Zuges und seinem leisen Geschaukel, wohl wissend, dass die Gedanken sie bald wieder einholen würden …

Aufgehobenheit

Auf Wegen,
deren Ziel
in ungewissen Fernen liegt,
umstellt von Mauern,
die kaum Atem lassen,
folgst du der Sehnsucht
deines Wesens
durch die Zeit.

Umgeben von so vielen,
die dir ähnlich scheinen
und doch trotz ihrer großen Zahl
in ihrer eigenen Verlorenheit
kaum Heimat geben,

suchst dennoch tapfer du
nach Sternen,
die Verheißung künden,
und nach der Aufgehobenheit
im tiefsten Sein …

Sonnenhöhe des Seins

Die Schmetterlinge der Freude
schaukeln in fröhlicher Buntheit
über den leuchtenden Blüten
der Lust,
und der zärtlich fächelnde Wind
der Begeisterung
trägt dich hinauf
zu den Sonnenhöhen des Seins.

Leis dehnen sich Glieder und Herz
und atmen pulsierend
im Auf und Ab der Gezeiten,
umschmeichelt
von den Strömen
des Unendlichen.

Das Jauchzen der Sinne
taucht ein
in das Rauschen der Zeit,
die für uns Erdgeborene schlägt
für einen flüchtigen Wimpernschlag.

Die Bläue verschmilzt
mit der Ferne der Nacht,
und du fühlst,
wie der Schrecken erlischt
und das Dasein beginnt.

Ganz im Jetzt dieser seligen Stunde
entdeckst du das Ich und das Wir
in den Wesen der Zeit
und schaukelst
mit den Schmetterlingen
der Freude
auf der Sonnenhöhe des Seins ...

Spiel im Mondlicht

Nun hat das Mondlicht
die Regie übernommen
und vertreibt
die dunklen Schatten
der Nacht
und der Wölfe.

Das Leben selbst
sät seine Samenkörner
der Hoffnung
in die erhellten Furchen,
welche bereitwillig sich öffnen
dem Werden.

Die Luft ist erfüllt
vom Atem der Fruchtbarkeit.
In geheimnisvollen Riten
mischen die Wesen
ihre Lebenssäfte,
spielen ihr Spiel der Hingabe
an das Wunder des Daseins
im Entschwinden der Zeit …

Atem erwachender Tage

Im Dunkel der Nacht
lässt versinkender Tag
eine Stille zurück,
deren Tiefe uns einhüllt
in Wehmut und Hoffen,
Vertrauen und Trauer,
in Bangen und Kraft.

Das schwindende Licht
erweckt Sehnsucht nach Heil,
rührt uns an
mit der Frage „wohin?" –

und wir stehn im Geheimnis
des ewigen Wandels,
von Sein und Entwerdung,
von Dunkel und Licht,

und erfüllt ist das All
mit dem Atem erwachender Tage ...

Teilhabe

Blaue Unendlichkeit
am Bergsaum,
herübergerettet
aus den Vortagen des Seins
in die engen Horizonte
menschlichen Daseins –

Teilhabe gewährend
am Schweigen
jenseits der kleinlichen Wortklaubereien.

Weit wachsen
die Gedanken hinaus
ins Unaussprechliche,
und Flügel wachsen
dem Staunenden.

Der Geist wird gepackt
von den Aufwinden der Seele,
findet und verliert sich gleichermaßen
in blauer Unendlichkeit …

„Die Brüchigkeit und Sinnentleerung vieler Strukturen menschlichen Zusammenlebens ist definitiv zutage getreten, zugleich die steigende Vereinsamung des einzelnen."[3]

Horst Eberhard Richter
(in: Die Gruppe)

Eine kurze Weile hatte sie sich durch die trügerische Gedankenpause etwas entspannter gefühlt, hatte sich der beruhigenden Erkenntnis hingegeben, dass es „nur" darum ginge, das Leben zu vollziehen. Doch die Fragen kehrten schnell zurück. Wollte, sollte Leben nicht aktiv gestaltet, mit Sinn und individuellem Inhalt gefüllt werden? Erforderte dies nicht Planung, Nachdenken, Strukturierung? Lebte man nicht auch vom Erfolg, von der Erreichung der einmal gesteckten Ziele? Und was hieß das überhaupt, Vollzug des Lebens? Erinnerte das nicht eher an Strafvollzug, an Fremdbestimmtheit, an passives Ausgeliefertsein? Aber genau das wollte sie am allerwenigsten. Da kam sie doch gerade her, aus einer Situation, in welcher sie sich zunehmend als Marionette erlebt hatte, eingebunden in Bedingungen, welche ihr kaum noch Handlungsspielräume ließen und sie zunehmend atem- und ruhelos machten. Hinter dem pseudopositiven Begriff des Multitasking verbarg sich eine solche Vielzahl täglich und oft unter Zeitdruck zu erfüllender Aufgaben, dass immer mehr Menschen immer stärker unter Druck gerieten. Und der Wert des Einzelnen in diesem Geschehen nahm stetig ab. Nicht mehr sein Person-Sein mit all seinen Möglichkeiten war gefragt; er wurde zunehmend nur noch verstanden als arbeitende Maschine, sein Wert danach bemessen, wie viel er zur Profitmaximierung beitrug. Aber wo blieben die Einzelnen in ihrem So-Sein mit ihren individuellen menschlichen Fragen, Bedürfnissen und Nöten, ihren je eigenen inneren Qualitäten? Was hieß es unter diesen Bedingungen, das Leben zu vollziehen? Was bedeutete Leben überhaupt? Was war menschliches Leben? — Sie begegnete immer häufiger zutiefst einsamen Menschen, die zwar eingebunden waren in verschiedenste Geflechte, in welchen sie auch die unterschiedlichsten Rollen zu spielen hatten, aber sich dennoch in keinem tragenden menschlichen Netzwerk aufgehoben fühlten. Keiner fragte sie jemals nach ihren innersten Anliegen, erkundigte sich mit echter Anteilnahme, wie es ihnen ginge, lauschte dem, was sie gern gesagt hätten, schaute ihnen wirklich in die Augen. Die Kontakte glichen viel eher einem Aneinander-vorbei-Gleiten, wurden zusehends funktionalisiert und zwangsläufig immer flüchtiger und oberflächlicher.

Echte Begegnung braucht Zeit, Zeit, die es nicht mehr gibt in diesem „rasenden Stillstand"[4], in welchem das Tempo stetig steigt, aber menschliche Entwicklung stagniert oder gar rückwärts verläuft. Leben und Zeit sind unabdingbar miteinander verknüpft. Lebens-Zeit bedeutet aber nicht einfach, die individuell bemessene Spanne des Hierseins zu verleben, zu verbrauchen. Damit sie auch wirklich gelebte Zeit wird, brauchen wir erst einmal Freiräume, um überhaupt wahrnehmen zu können, dass wir sind und wer wir sind, und herauszufinden, was dieses Leben für uns bedeuten könnte.

Zeit und Raum, menschliche Hilfsvorstellungen, um diesem Phänomen Leben eine Struktur zu geben? Erneut schwirrte ihr der Kopf …

LEBENS-
ZEIT

Du drehst dich

Du drehst dich
mit dem Laufe der Sonne im Kreis,
bis selbst die späteste Blüte verwelkt ist,
und weinst dich
in der Länge der düsteren Regentage aus,
an denen du dein kleines Glück
zerbrechlich erlebst.

Träumend und lang sitzest du
an bewegten und stillen Wassern,
deren funkelnde Oberfläche
Geheimnis verspricht.

Und ein wirres Bündel
beschriebener Blätter
aus schlafloser Nacht
wartet als dein heiliges geheimes Vermächtnis
in der Schublade
auf die Stunde der Wahrheit.

Manchmal spürst du kaum, dass du bist,
es lebt in dir und hat Anteil.
Doch ebenso kennst du den Tag,
an dem du dich immer zu zweit fühlst:
Belauert vom einen, ertappt vom anderen,
doch beide nicht wahr –

und das Echte verschollen.

Dann erscheint dir die Welt
als Theater,
bevölkert mit Marionetten,
die sogar
unter der Unfreiheit ihres Fadenkreuzes
das Licht fliehen.
Und entsetzt hältst du still,
bis der Strudel
dich neuerlich fortreißt
hinein in den Sog verzweifelter Suche.

So stehst du im täglichen Tode
und nennst es Leben,
derweil dir
das Eine und Wahre entschwindet.
Nur an begnadeten traurigen Tagen
rührt es dich an:
Ich bin Mensch und bin da, um zu sein. –

Doch der Blitz der Erkenntnis
verzuckt in der Nacht,
und du drehst dich weiter im Kreis
mit dem Laufe der Sonne,
bis selbst
die späteste Blüte verwelkt ist ...

Kalt grüßt der Mond

Kalt grüßt der Mond mit seinem silbernen Licht
die flirrende Erde,
deren Kruste täglich verbrannt wird
im Feuer allzu hoher Ansprüche.

Leben wandert aus in geheimere Räume,
entschwindet still und klaglos
vor den Blicken der Menschen,
die erst allmählich erahnen,
dass Herr-Sein-Wollen auch Dienen heißt.

Hart sind die Mienen der Macht,
zu Stein geworden
in Zeiten blechernen Reichtums,
und wehe dem Zarten,
das Schutz sucht.

Der Vormarsch eitler Glitzerwelten
täuscht Heilsein vor,
dessen Rückseite die Ohnmacht ist,
denn der Wahn der Gewalt
schürt das Sterben.

In den Schluchten der Nacht
breitet sich Elend aus,
und der Hunger nach Heil schreit zum All,
das beim Näherkommen
immer weiter entschwindet.

Fiebriges Glück
trotzt dem Niedergang,
und das Reichsein der Wenigen
spricht allem Hohn.

Der Ausverkauf der Schöpfung
ist fast gänzlich vollzogen,
wer kann,
kämpft um letzte Schnäppchen
im Dauerstreit.

Fad ist der Geschmack des Sieges,
und die erstickende Einsamkeit
in den Tälern des Kampfes
drückt dräuend die Mächtigen.

Nicht da, wo der Hunger wohnt,
herrscht Geschrei,
die Not der Gekränkten
ist beängstigend still.
Ihr Leben wandert aus
in geheimere Räume,
verschwindet leise und klaglos

im kalten Licht des Mondes,
unter der sengenden Hitze der Gier …

Schattenberg der Einsamkeit

Die Nächte sind zu laut geworden
in diesen Häuserschluchten ohne Zeit,
und brüllend schreit der Lichtermüll
zum Himmel hoch.

Erbarmungslos
peitscht Wirtschaft Tag und Nacht
die Menschen auf,
so dass sie müde taumeln
in den Welten zwischen Traum und Schein.

Der Lebenshunger wächst
in all dem Überfluss von grellem Tand und Schrott,
und all die Güter
stillen nicht den Durst nach Sein.

Die Hetze frisst die Kinder unsrer Tage
in dieser Welt aus kahlem Stein,
wo zarter Blütenduft und stilles Sternenleuchten
Fremdwort sind.

Der groß gezogene Flaschengeist der Gier
irrlichtert ränkeschmiedend
durch die Alltagsnot,
verspricht mit Pillenkost das große Glück der Welt
und hinterlässt doch nur
den schalen Nachgeschmack
von Ödnis und betrogenem Sein.

Der ewig gleiche Trott
am Fuß des Schattenbergs der Einsamkeit,
in dessen Nebelwelt
das Glück des Seins entflieht,
lässt Innehalten
schnell zum Alptraum werden.

Der leise Weg zum Ich,
der Pfad zum Du,
sie sind versperrt
in all den lauten Nächten ohne Zeit,
denn brüllend
schreit der Lichtermüll
zum Himmel hoch –

und so bleibt Leben
müdes Taumeln
zwischen Traum und Schein ...

Bunker der Macht

Verschanzt
in den Bunkern der Macht,
liegt geballt
schnöder Schein gehamsterter Güter
aus geplünderter Welt.

Zynismus hält fern
den Ehrlichen
und verhindert
das Nahen von Menschlichkeit.

Von Ängsten geschwängert
ist die dünne Luft kalter Einsamkeit,
die dennoch
nicht genug Sehnsucht gebiert
nach der Freiheit des Seins.

Hinter künstlich aufgetürmten Horizonten
lauert grau und unerbittlich
der Feind des Glücks.

So wächst der Stacheldraht
der Verachtung gegenüber den Kleinen.
Faulend dümpelt das Sumpfdickicht
eigener ungespiegelter Überheblichkeit
vor sich hin.

Nicht die Schmetterlingsflügel
der Zärtlichkeit
noch die leisen Töne stiller Zuneigung
oder die Leidenschaft
ungestümer Begeisterung,
nicht die Sonnenstrahlen
lebendiger Lust
noch das streichelnde Fächeln
beglückender Sommerbrise

durchdringen
die Mauern der Dunkelheit –

bis, geblendet vom elenden Schein
gehamsterter Güter aus geplünderter Welt,
die Liebe zum Leben erstirbt
in den traurigen Bunkern der Macht,
im Mangel an nahender Menschlichkeit …

Fata Morgana

Schwarz schimmern
die zitternden Flügel
der verbliebenen Schmetterlinge.

Sie tragen Trauer
auf ihrem Flug
über verödete Auen.

Die langweilige Gleichförmigkeit
sich bis in die Unendlichkeit
dehnender Monokultur
lässt sattroten Mohn
und leuchtende Kornblume
verkommen zur narrenden Fata Morgana.

Wo sind
die im Morgentau funkelnden Spinnengewebe
auf lebendigen Wiesen?
Wo der hoppelnde Hase,
das vielfältig jubilierende Vogelvolk?

Ausgewandert sind sie
in noch verstecktere Winkel,
so sie denn welche fanden
auf ihrer Flucht
vor der gierigen Raupe Mensch,
die nimmersatt alles missbraucht und unterpflügt,
was nicht nach Profit riecht.

Das Miteinander heiler Zeit
ist Geschichte geworden,
und das leise Staunen
vor den nicht konstruierbaren Wundern
uralter Welten
verblasst zum Traum.

Vielleicht träumt auch
der Trauer tragende Schmetterling
von der einst
leuchtenden, strahlenden Buntheit
seiner zarten Flügel,
bevor Ascheflug und Giftstaub
menschlicher Ausdünstung
sie mit der Farbe des Todes befleckten ...

GEHEIMNIS DES SEINS

"Von Staunen zu Staunen öffnet sich die Existenz."[5]

Lao-Tse
(in: Tao Te King)

Unter dem Wirbel all dieser Gedanken fühlte sie sich plötzlich, als schwebe sie in der Weite des Weltalls, was sie ja in gewisser Weise auch tat, erlebte sich spielend und stellte sich vor, wie sie von einem Planeten zum anderen flog oder, noch besser, hüpfte. Ja, Sternenhüpfen, das war es! Eintauchen in die reale kleine Welt eines scheinbar abgegrenzten Raumes und schwupp, schon wieder fort, hinein in einen zwar nicht fassbaren, aber umspannenden Weltzusammenhang, dessen Unendlichkeit gleichzeitig allem die Schwere nahm und doch auch allem die gleiche Würde verlieh. Sie relativierte gewissermaßen die Wertigkeiten, welche sich innerhalb der begrenzten Vorstellungen von Zeit und Raum ergaben. Die vom menschlichen Geist gesetzten Orientierungskoordinaten, gleichsam wie ein Netz von Meridianen über alle Wahrnehmungen gestülpt, schaffen zwar die notwendige Voraussetzung, damit eine gewisse Kommunikation und Verständigung, vielleicht auch ein Zusammenleben zwischen den Menschen, überhaupt möglich wird. Aber betreffen sie letztlich nicht nur die Äußerlichkeiten des Lebens? Braucht das Innere solche Hilfskonstruktionen? Lebt es nicht eigentlich jenseits von Raum und Zeit in einem ewigen Jetzt, in der unablässigen Kontinuität von

Momenten einer so kurzen Gegenwart, dass sie als diese mit unserem normalen Alltagsbewusstsein gar nicht erfasst werden können, so dass sich unser Denken ihrer bemächtigt und sie in die Abfolgestrukturen des Zeitflusses von Vergangenem, scheinbar Gegenwärtigem und letztlich einem fiktiven Zukünftigen presst? Wenn man ganz still ist, kann es da nicht geschehen, dass man etwas von diesem ewigen Jetzt in sich spürt, dass ein offenes Staunen sich einstellt, in welchem die sonst üblichen Begrenzungen verschwimmen? –

Wie erwachend blickte sie um sich und nahm im immer heller werdenden Morgenlicht die sie umgebenden Menschen wahr. Was wohl in ihnen allen vorging in dieser morgendlichen Stunde, auf dem Weg zu ihren vielfältigen Bestimmungen? Ob sie ähnliche Gedanken dachten, ob sie auch so viele Fragen bewegten? Ihr Blick fiel aus dem Fenster, hinaus in die vorbeihuschende Landschaft und versuchte in dem schattenhaften Vorbeirauschen herauszufinden, ob es da draußen Bäume gab. Sie liebte Bäume – Wesen, fest verwurzelt in besserem oder ungünstigerem Grund, hineingestellt in eine Welt voller vorgegebener Bedingungen. Aber ihre aufragenden Häupter waren frei, dem Himmel nah, tanzend im Licht, im Wind, in der Weite. Bäume waren immer schön. Sie strahlten stets Größe, Würde und Klarheit aus. Für sie waren sie Sinnbild einer erfüllten Daseinsweise. Ihre Vielfalt bewegte sie immer wieder von Neuem, weckte in ihr Staunen und Ehrfurcht. Die Kraft starker, aufragender Tannen, die schimmernde Anmut lichter, hellblättriger Birken, die zarte und gleichzeitig überwältigende Fülle der

Frühlingsblüte eines Kirsch- oder Apfelbaumes, die schwere und süße herbstliche Fruchtbarkeit, ... – dies alles rührte sie auf ähnliche Weise an wie das leise Rauschen des Windes, das wechselnde Farbenspiel des Himmels, das Lichtgefunkel auf den Wellen des Meeres, der geheimnisvolle ewige Kreislauf von Werden und Vergehen alles Lebendigen. Ganz besonders faszinierten sie aber die vielfältigen Gestaltungsformen des Menschseins und der Wandel, der darin zum Ausdruck kam: die gleichzeitige Zerbrechlichkeit und Lebenskraft Neugeborener, die noch unfertigen Gesichter der Heranwachsenden, die von ihrem Schicksal gezeichneten Persönlichkeiten in ihren späteren Jahren, die vielen Ausdrucksmöglichkeiten an Mimik, Gestik, Sprache in all ihren Spielformen der Emotionalität – und auch hier das Werden und Vergehen, das Kommen und Gehen, das Da-Sein und Entschwinden hinein in eine Dimension, von der es zwar viele Bilder und Ideen gibt, welche sich aber allem Zugriff und jeglicher Vorstellung von Raum und Zeit entzieht. Auch hier bleibt nur das Staunen, das Staunen vor einem Geheimnis, das aller wissenschaftlichen Erkenntnis zum Trotz unser Leben umgibt, das Anfang und Ende umhüllt, das nur aufscheint in besonderen Momenten der Stille und Achtsamkeit als leise Ahnung vom Wesen der Existenz ...

Geheimniswelt

Windhauch,
Blätterrascheln,
Geheimniswelt.

Lockruf des Lebens,
sonnengoldenes Gefunkel
im tanzenden Birkenlaub,
Stille.

Atemholen
unter der Sommerbrise,
loslassen
die Schwere
der Alltäglichkeiten,
mit den Winden fliegen
in die Geheimniswelt –

staunen …

Glück des Lebendigseins

Blau umgibt dich
die stille Kühle der Nacht,
und dein Herz flattert
im heißen Glück
des Lebendigseins.

Alle Glieder vibrieren
im Takt fließender Begegnung,
im Schöpfungsreigen
der Gemeinsamkeiten.

Das Anderssein des Du
berührt dein Innerstes
und lässt dich erschauern
vor dem Geheimnis
des Unendlichen.

Getragen von den Wellen des Glücks
fließt du hinaus
in die Weite der Zeit,
die dich hineinkatapultiert
in die Grenzenlosigkeit
des Seins.

Mit Schwingen,
deren immense Tragkraft du nie ahntest,
fliegst du empor
zu den Sternen der Lust,

und das Licht wird zu Klang
und der Tanz zu Musik
unter den Gestalterhänden
des Nachtzaubers.

Hinübergeboren
in den neuen Tag deiner Alltagswelt
erwachst du
mit staunenden Sinnen
und grüßt das Licht neuer Stunden
mit dem Nachklang
des Schimmers der Nacht …

Im Aufwind des Glücks

Verzaubert
von Wellen der Kraft
durchwanderst du deine Tage,
getragen
vom fraglosen Willen zum Sein
fühlst du dich
im Flug mit der Zeit.

Gedanken so hoch
wie die Bäume im Feld,
emporgetragen
vom Aufwind des Glücks,
Gefühle,
verwurzelt im Erdengrund,
sich erfüllend
im Wunder des Du.

Zärtlich und kraftvoll umfasst
durch ein JA,
dessen Keimkraft
sich speist aus Unendlichkeit,
fliegst du staunend
im Wolkenboot der Zuneigung,
fährst jauchzend hinaus
auf den Ozean des Vertrauens
und ankerst
in der Freiheit des WIR.

Fülle,
die lebt in den Gliedern des Seins,
sich verströmt
im Geheimnis der Zeit,
küsst dich leise
am Saum deiner Träume,
wiegt dich zärtlich
in der Schaukel der Lust.

Alle Ahnung
schmilzt sachte
im Feuer des WIR,
wird zum Sein,
das die Tage durchströmt,
wird verzaubernd
zu Wellen der Kraft …

Baumgeflüster

Neckisches Baumgeflüster
unter lichtem Sommerhimmel
streichelt deine Sinne
und nimmt dich auf
in die heimatlichen Räume
der Weite,
die das Geheimnis bergen.

Geöffnet
empfängst du
den Atemhauch
des Lebendigen,
gibst ihn weiter
an all jene,
die mit dir sind.

Die Wehmut,
ein Einzelner zu sein,
verliert ihre Bitterkeit
im Taumeltanz der Lichtwelten,
und du träumst dich hinein
in die heimatlichen Räume der Weite –
lauschend dem neckischen Baumgeflüster,
hingegeben dem lichten Blau
des Sommerhimmels …

Lautlose Schönheit

Tanzender Schmetterling
über dem
verletzlichen Mohnrot
hoher Sommertage,
schwerelos.

Angesiedelt
jenseits
vergänglicher Menschenzeit,
flattert Lebenssehnsucht
glückstrunken
im Jetzt,
hingegeben
an das Geheimnisspiel
von Kommen und Gehen.

Lautlose Schönheit
im Atemhauch
der Himmelssphären,
verblauend im Unfassbaren –

schwerelos …

KRAFT DES LEBENDIGEN

„Eure Kinder sind nicht eure Kinder. Sie sind die Söhne und Töchter der Sehnsucht des Lebens nach sich selber.“[6]

Khalil Gibran
(in: Der Prophet)

Inzwischen war es vollends Tag geworden, ein Sonnentag, der viel Licht versprach, der Hoffnungen weckte auf positive, erfüllte Stunden. Die Mitreisenden wurden zusehends wacher und lebendiger, manche reckten sich, kramten dies oder jenes hervor, raschelten mit ihren Zeitungen, hantierten mit ihren Smartphones, … – aber wandten sie sich einander zu, diejenigen, welche sich nicht kannten? Versuchten sie nicht sogar eher, soweit wie nur möglich voneinander entfernt zu bleiben, jeder in seinem eigenen Kokon? Gleichgültigkeit lag auf vielen Gesichtern. War sie gespielt, tarnte sie lediglich eine innere Befindlichkeit, die eigentlich das Gegenteil meinte, oder war sie bereits Habitus geworden in einer Welt, in der echte Begegnung immer seltener geworden war?

Sie beobachtete ein paar Jugendliche, und beim Blick in ihre noch unverbrauchten Gesichter erfasste sie Wehmut. Kaum herangewachsen, gerieten sie unweigerlich in das verrückte Beziehungsgeflecht, in dieses komplizierte Muster von Nähe und Entfernung, das die Erwachsenen nach undurchsichtigen Regeln unentwegt woben: Hinauf zu den ekstatischen Höhen des Glücks der Liebe, hinab in die Abgründe von Enttäuschung und Vereinsamung. Die Sehnsucht nach Nähe blieb groß, ein Leben lang, und sie sprach auch aus diesen noch fast kindlichen Gesichtern, die dennoch sich gebärdeten, als wären sie unverletzlich, stark und frei. Sie versteckten sich hinter großen Posen, hinter Worten, die für den ungeübten Hörenden so klangen, als wären sie Zeichen von großer Souveränität. Aber in ihren Blicken hatte sich bereits der Schmerz all jener Verletzungen gesammelt, die ihnen in ihrem jungen Leben irgendwann widerfahren waren. Schon früh einer Situation täglich wechselnder Eindrücke, Bilder, Gerüche, Geräusche, Orte, Menschen ausgesetzt, hatten manche vielleicht nie die Gelegenheit gehabt, überhaupt in Ruhe in diesem ihrem Dasein anzukommen, hatten kaum das Glück genossen, zunächst einmal Mittelpunkt einer kleinen überschaubaren Welt mit gleichbleibenden Bedingungen zu sein. Der nicht gestillte Hunger nach ungeteilter Zuwendung zeigte sich im Widerstreit zwischen abwehrender Stachligkeit und werbender Süße, im Wechselspiel von steigender oder sinkender Kompromissbereitschaft. Ebenso stark wie der Wunsch nach unbedingter Zugehörigkeit war ein oft früh eingepflanzter Selbstbehauptungswille, verbunden mit dem tief eingegrabenen Impetus, sich nichts gefallen zu lassen. Die Angst davor, ein Mensch ohne Freunde zu werden, stritt sich mit dem eingewurzelten Bedürfnis nach Einmaligkeit, nach Abgegrenztheit, und die gleichzeitige Furcht vor dem Alleinsein und der Versklavung durch das Fremdbestimmtwerden löste große Verunsicherung aus.

Was hatten wir den Kindern, den Jugendlichen als Rüstzeug für dieses Dilemma mit auf den Weg gegeben? Hatten wir uns überhaupt darüber Gedanken gemacht? In welche Rollen hatten wir sie vielmehr oft gepresst, welche Funktionen hatten sie für uns und unsere eigenen ungestillten Bedürfnisse übernehmen müssen? Womit hatten wir ihr Inneres, ihre Sinne angefüllt? Waren wir ihnen wirklich mit tiefer Achtung vor ihrer eigenen Existenz begegnet? Hatten wir jemals richtig und mit Staunen hingesehen, wer sie waren, diese zarten und doch starken Wesen mit ihrem eigenen und von unserem sich unterscheidenden individuellen Sein und dem Wunsch, das je Eigene auch verwirklichen zu wollen? Hatten wir sie in ihrem Personsein reifen lassen in einer Geborgenheit gebenden Atmosphäre? Waren wir ihnen mit einem ganzheitlichen Ja begegnet, auf dessen Basis Entfaltung sich ungehindert vollziehen konnte? Hatten wir deutliche Nein-Grenzen gesetzt, die ihnen eine frühe Orientierung und Sicherheit ermöglichten? Hatten wir die Kinder nicht eher als Besitz betrachtet, als Lückenbüßer für die eigenen nicht realisierten Ziele? Waren sie nicht in Gefahr, fremden und oft sinnlosen Pfaden folgen zu müssen, die wir ihnen vorgaben, statt dass wir ihnen halfen, ihre eigenen und ihnen entsprechenden Wege zu finden? Oder umgekehrt: Ließen wir sie völlig unbegleitet in die Irre gehen, ohne ihnen verbindliche Leitlinien an die Hand zu geben, denen sie – zumindest ein Stück weit – hätten folgen können?

Viele beschweren sich über die Verhaltensweisen mancher junger Menschen. Aber spiegeln sie nicht einfach das, was Teile der Erwachsenenwelt ihnen vorleben – und führen es fort: ein oft von Unverbindlichkeit und, Achtlosigkeit, von Gleichgültigkeit und Rücksichtslosigkeit geprägter Umgang miteinander, ein Nicht-Zuhören, Nicht-Hinschauen, eine Nicht-Offenheit, eine Profitorientierung, mit welcher alles zu Besitz erklärt und vereinnahmt wird? Ein Habitus, in dem Haben und Immer-mehr-Haben alles ist und Werde- und Seins-Prozesse eine untergeordnete Rolle spielen? Wo bleibt da Raum für die Erfüllung der „Sehnsucht des Lebens nach sich selber", die in jedem geborenen Wesen neu Gestalt annehmen will?

Bitte um „JA"

Schillernd und leuchtend
und zart und zerbrechlich
wie die schwebenden Seifenblasen
deiner Kindertage
steigen sie empor,
die tiefsten Sehnsüchte des Lebens
aus den geheimen Wurzeln
deines Seins.

Schützen und verstecken
möchtest du sie,
denn zu oft schon sind sie zerplatzt
im rauen Wind
der alltäglichen Verletzungen.

Aber die Seele gibt nicht auf
und sendet ihre schimmernden Boten
selbst durch den erstickenden Smog
erlogener Coolness.

In Augen und Händen,
die trotz kalter Mienen
leise um Zuneigung bitten,
flüstert das scheue Kind
auch im großen Mann
unermüdlich und Mitleid erweckend

seine Bitte um „JA" ...

Ahnung

Wer ahnte je,
was unerkannt
in eines Menschen Seele lebt,
was, nicht in Worte fassbar,
doch sein Wesen prägt?

Er wüsste selbst es nicht zu sagen,
aus welchen Tiefen
sich sein Dasein schöpft,
auch wenn in stillen Stunden
ihn die Sehnsucht rührt
und eine Stimme in ihm flüstert:
„Komm!"

Wohin?

Des Lebens Rätsel
bleibt uns unergründbar,
und doch ist jeder auf dem Weg
zu seinem Ziel,
das unerkannt
in seiner Seele Tiefe lebt
und nicht in Worte fassbar
doch sein Wesen prägt …

Blüte des Heilseins

Im Lärmen der Städte
gedeihen Steine besser als Bäume,
und das Grün ist dürftig
und hinter Glas.

Aufgeheizt ist die Stimmung
durch die flirrenden Bilder,
die der Mensch
in den Weltraum schickt,
um sich planlos und gelangweilt
mit Dauerreizen berieseln zu lassen.

Die Stille ist rar
in den Nächten voller Reklame,
in denen Erregung pulsiert,
die lechzt nach Lust und Entlastung.

Die Gezeugten jener Stunden
tragen schwer
an ihrem Kindsein,
denn das Erdreich des Lachens ist arm
in den Schluchten aus Stahl und Beton,
die nicht Regen und Sturm sich graben,
sondern Technik und Gier.

Und doch,
sie leben, die Kinder dieser Zeit,
katzengleich zäh.

Findig im Nutzen verborgener Quellen,
stachelbewehrt
und trotzig sich schützend
mit Panzerhaut
vor der Unverbindlichkeit
höflichen Betreutseins,
erstrampeln sie sich
ihre Wege und Ziele.

Die Blüte des Heilseins
ist ein kostbares Gut
auf diesen Feldern des Kampfes,
gedeihend nur jenseits
der Inflation von Ansehn und Tand,

erwachend
unter dem Sternengeflüster der Zuneigung
und umhüllt
vom Sternenmantel
geschenkter Zeit ...

Schrei der Ungeliebten

Der Schrei der Ungeliebten
verklingt in versteinerten Städten,
und Einsamkeit wartet
hinter verspiegelten Fassaden
des Scheins.

Unlauter
wirft Werbung
vermeintlichen Glamour
in die Herzen der Gierigen,
deren Unglücklichsein
schlecht getarnt
hinter Smalltalk lauert.

Gut geschmiert
funktionieren die Gesten
des Aneinandervorbei,
während suchend die Blicke tasten
nach Zugewinn
im blinden Spiel der Welt.

Der Morgen graut,
doch ohne das Licht
wärmender Menschlichkeit,
sodass das Rennen
im täglichen Tretrad der Zeit
keine Fülle gebiert.

Die Stunden sind voll
doch der Korb unsrer Ernte
ist merkwürdig leicht,
und auch
wenn der Wochensaldo
schwarze Zahlen schreibt –

die Seele bleibt leer …

Fremd

Fremd
hast du geboren
dein Kind
im kalten Land
des Reichtums.

Die bunten Bilder
der Wärme,
die du wie einen Schatz
hinter deinen Augen trägst,
lassen dich weinen,

auch wenn du weißt,
dass bitterste Armut
dich forttrieb,
aus dem,
was du kanntest,
und der Wunsch
nach Heil
für dich
und dein Kind.

Weg wolltest du
aus vertrauter Not.
Vom Elend zum Leben
hast du dich
auf den Weg gemacht.

Doch angekommen bist du
im kalten Land des Reichtums,
das weder dich will
noch achtet dein Kind
und dich stürzt
in ein Leben
unvertrauter Not –

dich
und dein Kind
im armen Land
des kalten Reichtums …

BEGEGNUNG IM LICHT

„Ich aber achte die Liebe als das höchste und einzige im Menschen, die einzige, wahre Himmelsgabe."[7]

Bettina von Arnim
(in: Brief an Arnim)

Nachdenklich blickte sie hinaus in die wechselnden Bilder, die vorbeizogen. Der Zug hatte seine Fahrt verlangsamt, sodass auch die Umgebung deutlicher zu erkennen war. Viele Äcker gab es hier, weite grünende Wiesen mit verstreuten Obstbäumen, manche in kleinen Gruppen zusammenstehend, – was sie besonders liebte –, ab und zu ein Teich oder kleiner See, in der Ferne sanfte bewaldete Hügel. Eine liebliche Welt, welche ihr wohl tat und die sie erneut ein Gefühl des Aufgehobenseins verspüren ließ. Sie kannte viele Landschaften der Erde, hatte die Faszination felsiger Gebirge ebenso erlebt wie das Staunen vor der Endlosigkeit wüstenhaft sich ausdehnender Sandweiten oder das Stillwerden vor der Unendlichkeit des verschmelzenden Horizonts von Himmel und Meer. Aber wo es keine Bäume gab, fehlte ihr immer irgendetwas. Wie oft hatte sie unter Bäumen gesessen, gelegen, allein oder in Zweisamkeit, seltener in größerer Runde, hatte die Kraft von Bäumen gespürt, sie ganz tief in sich aufgenommen. Die unterschiedlichsten Arten von Rinde hatte sie gefühlt, den Laubgeruch aller Jahreszeiten eingeatmet, sich der wechselnden Schönheit von duftenden Blüten, zartjungem Laub, buntem Blätterwerk und genauso der kahlen Äste hingegeben. Sie nahm Anteil an ihnen mit allen Sinnen, hörte ihnen zu. Hermann Hesse hatte die Bäume mit ihrer Symbolkraft sogar einmal die „eindringlichsten Prediger" genannt: „Wer gelernt hat, Bäumen zuzuhören, (...) begehrt nichts zu sein, als was er ist. Das ist Heimat. Das ist Glück."[8] Und Rose Ausländer sagt: „Das Gespräch über Bäume wird nie beendet, solange es Worte und Bäume gibt. Wer mag leben ohne den Trost der Bäume ..."[9]

Nichts sein zu wollen, als was man ist, setzt das nicht voraus, dass man zuerst einmal „Ja" sagen lernt zu dem, der man ist, oder zu dem, der in einem schlummert, der sich auf dem Weg zur Entfaltung befindet? Doch auf welcher Basis wächst dieses Ja? Ist es dafür nicht unabdingbar notwendig, dass vorher andere einen bejahen, einen so annehmen, wie man ist, einen lieben? Und was ist Liebe?

Vielleicht gibt es so viele Definitionen davon, wie es Menschen gibt. Jeder sucht, erlebt und wertet sie auf seine Weise, aber jeder braucht sie, ist davon abhängig. Jeder muss Liebe empfangen, um sich entfalten zu können. Aber das reicht nicht. Denn auch Liebe geben wollen gehört zur Grundsehnsucht des Menschen. Beides durchzieht das Leben wie ein roter Faden und setzt seine Spuren nicht nur in der Biografie eines Menschen, sondern bis hinein in sein Verhalten, seine Ausdrucksformen, Gedanken und Träume. Liebe ist das Lebensthema schlechthin, das alle auf irgendeine Weise beschäftigt, in jedem Lebensalter. Ein Kind, welches nicht genügend bejahende Zuwendung erleben darf, das nicht in der Einmaligkeit seines Personseins angenommen, begleitet, unterstützt und gefördert wird, hat Mühe, ein gesundes Selbstvertrauen aufzubauen und sich responsorisch und ver-„antwort"-ungsvoll auf andere einzulassen. Es findet nur schwer sowohl zu sich selbst als auch zu anderen Menschen. Früh entwickelt sich so ein unstillbarer, ungesunder innerer Hunger, der dazu führen kann, immer im Mittelpunkt stehen, andere dominieren zu wollen oder aber sich völlig verunsichert in sich selbst zurückzuziehen, kontaktscheu oder gar bindungsunfähig zu werden. So wächst umso stärker der Traum von der großen Liebe, welche alle Versäumnisse wettmachen und zu einem ge-„glück"-ten Leben führen soll. Aber wie könnte dies gelingen? Was hat man denn als Verhungernder in einer Beziehung zu geben? Man verliebt sich leicht, schwebt schnell in den Wolken, glaubt sich angenommen, aufgehoben bei einem anderen, der aber genauso bedürftig ist wie man selbst, und irgendwann begegnen sich nur noch die beiden „Leeren", und man zieht sich enttäuscht zurück. Der Liebesrausch ist vorbei, der oder die andere war nicht der oder die Richtige und man macht sich, vielleicht noch hungriger als zuvor, auf die Suche nach dem nächsten vielleicht möglichen Partner. Das Beziehungskarussell dreht sich, Gesichter und Leiber wechseln, und die innere Einsamkeit wird immer größer, wenn es nicht gelingt, diese kindliche Unersättlichkeit zu durchschauen, zu erkennen, dass es nicht die Aufgabe der anderen ist, einem das eigene Alleinsein abzunehmen.

Jeder ist und bleibt auf eine elementare Weise Einzelwesen mit seiner eigenen Innenwelt, welche er nie völlig einem anderen mitteilen kann und die ihm auch selbst immer ein Stück weit Geheimnis bleibt. Aber gerade aus diesem ihm Eigenen kann er schöpfen, kann anderen geben, sich öffnen, das, was ihn ausmacht, mitteilen, mit anderen teilen – und dies in ganz besonders inniger Weise mit jenem Du, das wir uns so sehnlichst wünschen, von dem wir (fast) alle träumen. Wenn der Blickwinkel wechselt vom ausschließlichen Erhalten-Wollen zum Geben-Können, wenn es uns gelingt, unseren tiefsten eigenen Wert wahrzunehmen und zu erkennen, dass nur wir selbst diejenigen sind, die für unser Leben die Verantwortung tragen, dass wir aktiv und mit geöffneten Händen und wachen Sinnen auf andere zugehen können, verändert sich die Art der zwischenmenschlichen Begegnungen. Die Nähe und das Miteinander und damit das Verständnis füreinander wachsen, und im Wechsel von Geben und Nehmen ergibt sich ein Aufgehobensein, das einem ungeahnte Flügel verleihen kann. Die Welt wird tatsächlich bunter, das eigene Erleben tiefer, das Leben beschwingter. Nicht mehr der ständige Hunger dominiert all unsere Bestrebungen, sondern etwas von dieser „Himmelsgabe der Liebe" macht den Alltag heller und lässt in uns eine Ahnung davon aufscheinen, dass es einen Weg gibt vom „Haben" zum „Sein" …

Zuneigung

Bunt wie die gaukelnden Schmetterlinge
der leuchtenden Sommertage
umfächelt mich deine zärtliche Zuneigung.

Deine verzaubernden Ideen der Beglückung
gleichen der Vielfalt
blühender Wiesenträume.
Sie umhüllen mich
mit dem Duft
lauschiger Vollmondnächte,
legen behutsam
die prallen Samenkörner der Freude
in mein bereitetes Erdreich
und lassen mich blühen
im hellen Licht
deiner innigen Umarmung.

Du lockst
zum Tanz aller Glieder,
rufst mich
mit tausend Botschaften des Glücks
an deinen Tisch
der Lustbarkeiten
und lässt uns jauchzend
hineinfliegen
in die berauschenden Weiten
des Miteinander-Vereintseins.

In deiner Liebe
sanft und stark geborgen,
liegen geöffnet
die Brachfelder der Seele.

Bestellt mit achtsamer Hand
werden sie Frucht tragen dürfen
wie die Wiesenträume
der leuchtenden Sommertage,
umgaukelt von den Schmetterlingen
deiner zärtlichen Zuneigung ...

Liebeszauber

Wenn Gleiches
und Gleiches
sich findet
im Strome der Zeit,

wenn Wesen
und Wesen
einander begegnen
in der Tiefe
des Lebens,

wenn
Liebe erwächst
in der Fülle
des andern,

dann blühet
das Wunder
des Seins ...

Reigen der Liebe

Die bunten Glücksbänder
der Zuneigung
flattern fröhlich
in der fächelnden Sommerbrise.
Übermütig tanzen sie
den pulsierenden Reigen der Liebe
im umspannenden Blau.

Lockend verführen sie
die Liebenden
zum Mitspiel
im Auf und Ab der Glieder,
zum neckischen Kosen
an allen Enden des Seins.

Zart wie der Flügelschlag
der Schmetterlinge
und doch erfüllt
von der Feuerkraft brennender Sehnsucht
ertasten ihr Küsse
die Freuden der Lust
und öffnen leise die Schwingen
zum Flug hinein
in das umspannende
Blau des Glücks ...

WEHMUT
UND
HOFFNUNG

Missverständnisse

Rau reißt der Wind der Missverständnisse
das Laub von den Bäumen des Glücks,
die so hoch in den Himmel wuchsen,
dass sie unverletzlich schienen.

Noch lässt er sie tanzen,
die Blätter,
im Auf und Ab wechselnder Zuversicht,
so dass die Hoffnung lebt
auf einen fröhlichen Herbst.

Die Samen des Miteinanders
wurden gesät
in den Stunden der Fülle
und ruhen sanft und geheim
in Erwartung fruchtbarer Erweckung.

Die Tage
zwischen Laubfall
und neuem Erblühn
sind erhellt
von der Röte des Morgenlichts,
welches nie ganz entflieht –

auch in Zeiten der Not …

Nächte der Trauer

Lang sind die Nächte der Trauer,
wenn dein Antlitz schweigt
in versteinertem Zorn
und die Hoffnung
nur mühsam noch atmet.

Wo sind die Flügel des Sommers,
die trugen in Tagen der Not?

Lichter erflackern im Sturm,
und die Seele braucht viel,
um nicht zu erkalten in Angst.

Der Zwang dieser Stunden ist hart,
und der Schmerz
droht mit eisigem Hauch
zu zerstören die Zartheit des Seins.

Doch du kämpfst um das Licht,
das du fühlst,
das du sahst in den Tiefen des Du
und das hellte den Weg
bis zum Hier.

Und du glaubst an die Stärke des Wir,
an vergrabene Frucht heiler Zeit,
die den Sinnen entzogen doch webt –

und neu atmet Hoffnung im Sein ...

Ausgewandert

Du bist ausgewandert
aus unserem Garten Eden,
ganz plötzlich.
Ein Wort hat dich vertrieben.
Kein Schlüsselwort,
nein, ein banales.

Tief hat es seine borstigen Widerhaken
in dein Herz gesenkt
und pflügt im Verborgenen
das Erdreich der Gemeinsamkeiten.

Messerscharf
sind die Kanten der Pflugscharen.
Sie zerstören leicht
die im Dunkeln schlummernden
Wurzeln des Vertrauens.

Im Urschlamm wühlend
vergiften sie deine Seele
mit längst vergessen Geglaubtem
aus den Vortagen des Glücks.

Mit zerstörerischer Gier
stürzt sich der aufgebrachte Geist
auf jeden zu Tage geförderten Krümel,
der ihm Genugtuung verheißt,
und schürt die Lust am Niederreißen.

Wie lange wird es dauern,
bis Trauer und Wehmut
den betonharten Hass durchbrechen?

Die Wächter am Rande des Gartens
sind geduldig.
Selbst durch die Pforten der Sehnsucht
gewähren sie Einlass
in das Reich des Friedens.

Betritt es,
vielleicht ohne Worte zunächst,
aber mit Gesten,
die Labsal gewähren
dem geschundenen Erdreich
des Herzens.

Und das flammende Schwert
wird wieder
der Gerechtigkeit dienen …

Fremde geworden

Fremde geworden sind sie,
brüsk, über Nacht.

Die tragende Brücke
zwischen dem Ich und dem Du
wurde zum wankenden Steg,
und das Hin und Her
der vogelleichten Gedanken,
der zärtlichen Gefühle
ist abgebrochen, brüsk, über Nacht.

Trauer hat sich auf die Sinne gelegt
und verdüstert die Blicke der Seele.
Zum Mangel geworden ist das,
was vordem nur Schwäche war,
und Worte des Zweifels
werden zu Bosheit und Angriff.

Der laute Zorn beschädigt den Keim des Vertrauens,
zerstört die empfindliche Sehnsucht nach Heil,
und die Heimat im Du geht verloren.
Freudlos werden die Tage begonnen,
trotz Sommerbläue und Sonnenwind,
wenn die Liebe versteinert im Trotz.

Das innere Kind weint, verlassen,
denn Fremde geworden sind sie,
brüsk, über Nacht ...

Rückkehr

Das Leuchten ist zurückgekehrt
nach den Tagen der Trauer.

Verirrt hatten sie sich
im Gestrüpp
ihrer je eigenen Befindlichkeiten,
sich verlaufen
in den Labyrinthen betrogener Hoffnungen.

Doch geduldig suchten sie
mit den Fackeln der Treue und Wehmut
nach den Pfaden zurück zum Du.

Sie folgten beide
dem Duft reicher Erinnerungen
und den Spuren,
die ihre Gemeinsamkeiten
in ihre Herzen schrieb.

Der Wille zur Rückkehr war stark.
Aufrecht hielt sie die Angst,
verloren zu gehen im Dickicht
der unbefriedigten Alltagskleinigkeiten,
und sie wies ihnen
den Weg zurück

in das Leuchten
der Tage vor der Trauer …

HABEN
ODER SEIN

„Wir können nicht vermeiden, mehr von etwas haben oder sein zu wollen, als wir sind und haben, aber wir könnten mehr wählen, was wir wirklich mehr haben und sein wollen."[10]

Annegret Stopczyk
(in: Nein danke, ich denke selber)

Jetzt, kurz vor dem Ende ihrer Reise, bevor diese kleine, zufällige, vorübergehende Schicksalsgemeinschaft der für eine kurze Weile im selben Zug versammelten Menschen sich auflöste, tauchte sie aus ihren Gedanken auf und schaute sich nochmals um zwischen den verschiedenen Gesichtern. Was verbarg sich hinter all diesen Menschen, wohin waren sie unterwegs, was waren ihre Ziele, ihre Gründe unterwegs zu sein? Von den notwendigen Alltagsgeschäften abgesehen, was trieb sie an, was hatten sie für Sehnsüchte, welche Erinnerungen trugen sie in sich? Welche Sorgen und Nöte belasteten, welche Glücksgefühle beflügelten sie? Den meisten konnte man die Emotionalität, welche sich in ihnen verbarg, nicht ansehen, und erst recht nicht konnte man die Gedanken erkennen, welche ja unablässig in ihren Köpfen in alle Richtungen schwirrten. Höchstens vielleicht eine gewisse Unruhe oder auch Lethargie, die sich in der einen oder anderen Miene spiegelte.

Der stets geschwätzige Geist ist ja pausenlos damit beschäftigt, die Umwelt zu taxieren, zu bewerten, Eindrücke zu filtern, mit Ja oder Nein zu etikettieren, aber niemals still zu sein. Verseucht ist er geradezu von Lärm und einer nie endenden Bilderflut, welche stets neue Begierden und Bedürfnisse hervorruft. Der Vergleich der eigenen Lebenssituation mit all dem, was einen umgibt, ist unausweichlich, und der Wunsch, genauso zu sein wie die anderen, dasselbe zu haben wie sie, ist stark. Wie schwer ist es da, zum Eigenen zu finden, hinter all den Kulissen zu spüren, wer man ist, wer man wirklich sein kann und will. Zwar geübt darin, das Beste zu wählen, wenn es um Dinge aus der Konsumwelt geht, tun wir uns doch unheimlich schwer damit, für unser Personsein, unser eigentliches Wesen, im echten Sinne gute Entscheidungen zu treffen. Wie oft verkomplizieren wir unser Leben mit unnötigem Habens-Ballast, streben Rollen an, die uns so gar nicht entsprechen, und setzen uns damit selbst unter Druck? Vielleicht verfehlen wir sogar unsere eigentlichen Lebensmöglichkeiten. Zu versuchen, das Vorgegebene nicht als gegeben hinzunehmen, sondern das sogenannte Fraglose zu hinterfragen, das quasi Selbstverständliche auch wirklich selbst zu verstehen, der Welt mit eigenen Gedanken zu begegnen, kann ganz neue Horizonte und Wege öffnen hin zu einem anderen Lebensverständnis und damit auch zu einem authentischeren und befreiteren Miteinander ...

Abgestürzt

Du bist abgestürzt,
mal wieder,
von den Höhenwegen des Vertrauten,
herausgefallen
aus den Selbstverständlichkeiten
des Alltags
und gelandet im Nirgendwo.

Du ahnst sie schon,
die Nebel des Unverstehbaren.
Bald werden sie aus Tiefen emporwabern,
die dir fremd geblieben sind,
obwohl du sie kennst.
Sie trüben den Blick
für das Licht der Fraglosigkeiten
und lassen verstummen
die Geborgenheit gebenden Klänge
der vordem so sicher erscheinenden Welt.

Der Zweifel drängt brüsk an die Macht,
lässt wanken
die Fundamente des Unangefochtenen,
auf denen du gingst.

So zögert tastend dein Fuß,
und die Hand sucht nach Halt
in plötzlich sich öffnender Leere.

Wo sind die unverbrüchlichen
Eckpfeiler des Wahren,
die Garanten für ein Leben im Jetzt?

Der Blick irrt zurück,
sucht nach Richtspur, die trägt,
da das Vorne
in Undurchdringlichkeiten entschwindet.
Doch nur Wirrnis verdüstert den Weg,
macht zur Nacht
selbst das Leuchten des Mittags –
und Gewissheit entschwindet.

Die Sehnsucht nach Heimat ist groß
in diesen Tagen der Verlorenheit,
wo nichts dich mehr freut,
wo das Unwissen wächst ins Unermessliche
und der Moloch der Verzweiflung
nach dir greift.

Immer kleiner wirst du
in deiner Bangnis,
und du stolperst am Rande des Abgrunds,
bis endlich der Nebel sich lichtet
in diesem Inferno des Nirgendwo
und du dem Absturz entronnen bist –

für dieses Mal …

Kauftag

Am Morgen des Kauftages
hast du dich schick gemacht,
gestylt für den Auftritt im Shopping-Center,
geschminkt
für die vielen Spiegelbegegnungen
an der Einkaufsfront.

Aufgewacht
vom frühen Weckruf der Werbung,
blickst du schläfrig hinaus
in das Morgenrot,
das dir grau erscheint
ohne das flackernde Neonlicht
der Nacht.

Verheißung von Tageshelle
erreicht dich nicht
in deinem Planen
des Konsums.

Besetzt
von vorweggenommenen Zahlen
zu erwartender Rechnungsbeträge,
verspürst du nicht
den Hauch der Morgenbrise,
vernimmst nicht den scheuen Vogelruf
hinter dem Treiben der Stadt.

Auf spitzem Absatz
stöckelst du
in die Glitzertempel
des Überflusses,
hältst Ausschau
nach dem zweifelhaften Glück
des „Ich-bin-doch-nicht-blöd"
und erlebst für Momente
den Streichelersatz,
den du suchst.

Doch die Fülle
verflüchtigt sich schnell
aus den prall gefüllten Einkaufstüten
der Sehnsucht,
und du kommst heim
mit leeren Händen,
mit betrogenem Herzen,

am Abend des Kauftages …

Mit spitzer Feder

Mit spitzer Feder
schreibt der tägliche Lebenswind
seine Hieroglyphen
in deine Seele,
in dein Gesicht,
sodass Lebenslinien entstehen,
die dich prägen.

Einmalig sind sie,
und sie lassen den Geübten lesen
wie in einem Buch.

Tiefe Furchen des Leides,
fröhliche Fältchen des Lachens
prägen die Landkarte deiner Zeit,
und die Rinnen geweinter Tränen,
die Erstarrungen
nicht gesagter Worte,
nicht gelebter Gesten,
zurückgehaltener Gefühle
bilden Berg und Tal.

Verwerfungen,
vulkanischer Landschaft gleich,
machen dich
zum beredten Zeugnis
großer und kleiner Vergangenheit.

Sie lassen sich nicht kaschieren,
diese Kerben des Seins,
trotz der Findigkeit
moderner Vertuschungskosmetik,
gut geübter Verleugnungstaktik
und des Zeitgeistes
aalglatten So-Tuns-als-ob,
und alle Versuche scheitern
im Lächerlichen.

So wanderst du
als Skulptur gelebter Ereignisse
durch deine Tage,
mal stolz auf das je Eigene,
mal traurig
über das Unabänderliche,
derweil der tägliche Lebenswind
unablässig an dir schmirgelt und schreibt,
bis irgendwann
das Werk beendet sein wird. –

Wird es auch vollendet sein? ...

Herzens-Analphabeten

Mühelos
vorwärts und rückwärts
jonglierst du
mit dem Alphabet des Konsums,
kennst
die tausend einfallslosen Floskeln
für den ewig gleichen Tand
im Schlaf.

Aber die zwei, drei Vokabeln der Liebe –
wie hießen sie doch gleich?

Selbst mit den wenigen,
die du nur kennen gelernt hast,
gerätst du
ins Stottern,
und längst
sind sie abgegriffen
und ausgelutscht
vom täglichen leichtfertigen Gebrauch.

Die Sprache entbehrt der Tiefe,
Worte der Seele
sind verstummt,
Zärtlichkeit
ringt um Ausdruck,
und Zuneigung wird flach und laut.

Verdummung
tritt anstelle von Achtsamkeit,
verwandelt das Leben
in eine tägliche Doku-Soap,
opfert das Innerste
dem Show-Effekt
kurzzeitigen Beklatschtseins –

und die Zahl
der Herzens-Analphabeten wächst …

VERHEISSUNG
IM
MORGENROT

„Ich bin gar nicht so tapfer, wie ich mir und aller Welt vormache, aber ich glaube, die Hauptsache, um den Kopf oben zu behalten, ist, dass man einen wirklich tiefen Grund zum Leben hat."[11]

Brigitte Reimann
(in: Die geliebte, die verfluchte Hoffnung)

Das Gedränge beim Aussteigen und das Geschiebe auf dem Bahnsteig nahmen sie in ihren Sog und ließen keinen Raum mehr für weitere tiefsinnige Gedanken. Aber sie dachte an all die vielen, die weltweit gleich ihr unterwegs waren zu irgendwelchen Zielen.

Nicht alle haben die Möglichkeit, ihre Wege frei zu wählen. Viele müssen Zwängen gehorchen, die ihnen nicht entsprechen, ihnen auch nicht guttun und sie vielleicht mutlos, frustriert und traurig machen. Aber sie hoffte von Herzen, dass trotz aller Fremdbestimmungen, aller Ängste und Enttäuschungen jeder auf seine Weise immer wieder etwas finden würde, das ihm Halt und Freude gäbe, das ihm Mut machte und ihn zuversichtlich stimmte. Es gilt wohl für uns alle, dass wir nicht immer so tapfer sind auf unseren Wegen, wie wir der Welt vormachen. Aber gibt es einen besseren Wunsch als den, dass man einen wirklich tiefen Grund zum Leben haben möge? …

Verheißung im Morgenrot

Hinausschauend
in verhangenes Land,
umgeben von Unwegsamkeit,
unter den Füßen
sumpfiger Grund,
Leere verspürend.

Und doch,
ein Lichtschein des Morgen,
eine Richtung, die lockt,
eine Spur, die grüßt.

Wahr-nehmen,
was sich auftut,
Wegen folgen,
die sich entdecken,
Flügel aufspannen
trotz Ängsten, die wehtun,
Leere durchschreiten,
Weite durchmessen,
Ahnung be-greifen
als das, was sie ist:

Verheißung im Morgenrot …

Hoffnung

Auch auf den Hügeln der Freude
stehen die Bäume
herbstlich entlaubt.

Doch man weiß,
dass das junge Laub
wiederkehrt,

man glaubt
an das Leben,
das im kahlen Baume keimt –

und lebt in Hoffnung …

„Warum leben wir nicht,
wo wir doch wissen,
dass wir nur
ein einziges Mal da sind,
nur ein einziges und
unwiederholbares Mal,
auf dieser
unsagbar herrlichen Welt!"[12]

Max Frisch
(in: Leben, ja)

Inhalt

Zitatnachweise:

1 Wolf, Christa: Der geteilte Himmel, Deutscher Taschenbuchverlag, München 2001, Seite 5.

2 Fromm, Erich: Authentisch leben, Verlag Herder, Freiburg 2006, Seite 65.

3 Richter, Horst-Eberhard: Die Gruppe, Buchclub Ex Libris, Zürich 1975, Seite 25.

4 Grönemeyer, Dietrich: Lebe mit Herz und Seele, Verlag Herder, Freiburg 2006, Seite 28.

5 Lewis, Richard: Leben heißt Staunen, Beltz Verlag, Weinheim und Basel 1999, Seite 142.

6 https://gedichte-lyrik-poesie.de/Khalil_Gibran_Von_den_Kindern/index.html, 12.01.2018.

7 Leven, Christian (Hrsg.): Worte, die gut tun, Verlag Herder, Freiburg 1998, Seite 101.

8 Hesse, Hermann: Gesammelte Werke, Bd. 6, Suhrkamp Verlag, Frankfurt a.M. 1970, Seite 153.

9 Ausländer, Rose: Brief aus Rosen, Fischer Taschenbuch Verlag, Frankfurt a.M. 1994, Seite 104.

10 Stopczyk, Annegret: Nein danke, ich denke selber, Aufbau Taschenbuch Verlag GmbH, Berlin 2000, Seite 272.

11 Reimann, Brigitte: Die geliebte, die verfluchte Hoffnung, Luchterhand Verlag GmbH & Co. KG, Darmstadt/Neuwied 1984, Seite 345.

12 Frisch, Max: Leben, ja, (hrsg. von Unser, Margit), Suhrkamp Verlag, Berlin 2011, Seite 7.

Bildnachweise:

Die von der Autorin gestalteten Bilder basieren auf ihren eigenen Fotos.

FSC
www.fsc.org

MIX

Papier | Fördert
gute Waldnutzung

FSC® C083411

Zeitfracht Medien GmbH
Ferdinand-Jühlke-Straße 7
99095 Erfurt, Deutschland
produktsicherheit@kolibri360.de